La arena y el mar

JUAN CARLOS MARCO PUEO

© Juan Carlos Marco Pueo, 2017
www.chuandefonz.com

© Imagen de cubierta: Klaus Stebani (CC0 Public Domain)
© Textos y resto de imágenes: Juan Carlos Marco Pueo
© Dibujos: Mónica Lorenzo Tejedor
Edición y Maquetación: Juan Carlos Marco Pueo
Enero 2017

ISBN.: 978-1539086796

Reservados todos los derechos. No se permite la reproducción total o parcial de esta obra, ni su incorporación a un sistema informático, ni su transmisión en cualquier forma o por cualquier medio (electrónico, mecánico, fotocopia, grabación u otros) sin autorización previa y por escrito de los titulares del copyright. La infracción de dichos derechos puede constituir un delito contra la propiedad intelectual.

Imagen de cubierta: Dunas de Maspalomas (Gran Canaria)

A Mónica, sin lugar a dudas.

Prólogo

Comencé leyendo lo que tenía más a mano: tebeos que me daban y los botes de champú del baño. Fui ampliando mi campo lector con algún periódico y alguna revista que, nunca supe muy bien cómo, aparecían de vez en cuando por mi casa. En general números atrasados, pero yo en eso no me fijaba mucho. Llegó la época en la que las Cajas de Ahorros regalaban libros diversos a los que confiaban, todavía, en ellas. Así fue como, al juntar en una misma estantería, encima del viejo televisor en blanco y negro, cinco o seis de aquellos ejemplares de temática diversa, tuve mi primera noción de lo que podría ser una biblioteca.

No fue hasta que estuve terminando mis estudios de primaria en el colegio público de Fonz que descubrí, guiado seguramente por algún sagaz maestro, lo que era realmente una biblioteca. Resultó que había una en el mismo edificio que hacía de ayuntamiento. Aquel descubrimiento fue para mí impactante, pues me permitió conocer un mundo más allá de Mortadelo y Filemón o de los componentes suavizantes de un champú. Tenía ante mí la posibilidad de indagar entre las páginas de las enciclopedias de astronomía, de historia o de ciencias naturales. De internet, en aquellos tiempos todavía no tenía ni sospechas de que fuera a existir en un futuro.

Arrastré una adolescencia que todavía no he acabado de curar del todo, y ya en la Universidad cometí el error de licenciarme en Ciencias Físicas. Lo del error no lo tengo del todo claro, pero es algo que me ha dicho varias veces alguien que tal vez me conozca mejor que yo mismo y que opina que yo debería haber estudiado Literatura. Sea como sea, el mal ya está hecho, aunque, sinceramente he de reconocer que la ciencia me ha dado de comer hasta hoy.

Lo cierto es que, aburrido de tanto estudiar fórmulas incomprensibles, me refugié en la escritura. Durante mucho tiempo, y antes de la era del correo electrónico, escribí incontables cartas. Todavía recuerdo la emoción con la que recibía las cartas que me enviaban mis amistades. Nada que ver con la fría, aunque utilísima, mensajería instantánea. Posteriormente, tras leer el archivo poético personal de una amiga mía, decidí que yo tenía que escribir poemas, y tras la lectura del diario de Ana Frank pasé por un periodo de lector empedernido que me dura hasta estos días, durante el cual he experimentado también con el inconfesable placer de contar historias.

Así es que, con mayor o menor fortuna, la lectura y la escritura siempre me han acompañado, hasta que, gracias al uso de la tecnología, he decidido desempolvar las hojas amarillentas que llevan guardadas por las carpetas más de 20 años, o unos archivos que han ido pasando desde disquetes de 3¼ a discos duros modernos. Primero fue a través de mi blog personal, publicando todo lo que iba encontrando almacenado y, posteriormente, seleccionando algunos de mis poemas para conformar este libro.

Entre tanto me he permitido ir dejando alguno de mis escritos a amigos de confianza, los cuales, en cuanto han tenido la ocasión, siempre me han dicho que les gustaban mucho, en

8

vez de decirme la verdad. ¿Y cuál es esa verdad? Realmente no lo sé, aunque tengo mis sospechas y mis certezas, que son las siguientes. Tengo la certeza de que, poéticamente hablando, he sido un inmaduro adolescente que ha escrito con el único propósito de escucharse a sí mismo para conocerse un poco mejor. De hecho, hace que no escribo poemas de forma rutinaria muchos años. En mis comienzos, fruto de la inconsciencia y aprovechando el atrevimiento que trae la ignorancia, me lancé, por así decir, a escribir poemas como el que se entretiene yendo al fútbol. De esa época son la práctica totalidad de los poemas que aparecen en este libro. El amor, las rosas, las princesas, la muerte,... Vamos, temática transgresora.

Si me decido a publicarlos, venciendo el pudor que me producen muchos de ellos, es porque su escritura tuvo sobre mí un efecto catárquico, y obtuve unos beneficios que difícilmente pueden entenderse valorando solamente su calidad literaria. Su verdadero valor radica en el hecho mismo de la creación y lo que ello implica de crecimiento personal. Es éste un punto que nunca me canso de explicar cada vez que tengo la ocasión. El placer de crear cualquier obra artística es algo que merece la pena experimentar, aun en el caso de que no nos consideremos lo suficientemente preparados para desatar pasiones con nuestra obra. Pintar un cuadro, componer una canción, escribir un poema... Cualquier cosa que nos obligue a perfilar una nueva realidad sirve para llegar a conocernos un poco más, y eso, sin lugar a dudas, produce una enorme satisfacción. Además, teniendo en cuenta que la idea de empezar a escribir poesía surgió en mí después de leer la obra de otra persona, espero que la lectura de mis poemas anime a otros a dejarse llevar por el inenarrable placer de la creación literaria. Tal vez algún despistado tome como ejemplo este libro y, venciendo la inseguridad o la vergüenza, se anime a salir del literario armario.

La parte gráfica del libro se compone de una serie de fotografías y dibujos. Las fotografías representan diversos momentos o experiencias por los que he pasado. En algunos casos las imágenes guardan cierta relación con el texto, pero en otros están puestas simplemente como complemento gráfico. En el caso de los dibujos, han sido realizados ex profeso para la ocasión. Ellos, por sí solos, son una pequeña obra de arte dentro de este libro. De hecho, debo decir que en el instante en el que los dibujos fueron agregados al libro durante el proceso de maquetación, éste cobro una nueva dimensión artística con la que yo no había contado y que me sorprendió gratamente, de lo cual le estoy muy agradecido a su autora.

Para finalizar comentaré que, después de llevar media vida escribiendo, ganando algún que otro premio literario, o viendo algunos de mis textos publicados en libros o en revistas, éste es mi primer y hasta ahora único libro. ¡Un libro, he escrito un libro! Bueno, ya sé que no es para tanto, pero me hace ilusión expresarlo así. De las ilusiones, incluso de las literarias, también se vive. Por lo pronto, cuando eche algún fugaz vistazo por la biblioteca que actualmente tengo en mi casa, podré encontrarme con un libro escrito por mí, cosa que, si no me equivoco, no tiene precio.

Enero 2017

"Los límites de mi lenguaje son los límites de mi mundo."

Ludwig Wittgenstein

Índice

PRIMAVERA

MI NIÑA BONITA (primavera) 19
CANTOS SENCILLOS 20
SIN DUDA ES AMOR 22
INFLUJO DE MÍ 23
MI NIÑO 24
LA MUSA 25
CAMPANILLAS 29
SIN DUDA ALGUNA 30
BUÑERO 31
MI HERMOSA DAMA 33
PACTO DE AMOR 34
LA LUNA DE MAYO 35

VERANO

JUNTOS LOS DOS (verano) 45
ESTA NOCHE ES PARA TI 46
MÍA ISLA 48
ASÍ LO DESEAS 49
EL LOCO 50
TEMOR A TI 51
UN MOMENTO SIN TI 54
UN BESO 55
A MI PUEBLO 56
LA RETAMA 58
UN DOS TRES 59
TORBELLINO DE PASIÓN 60
RENACER 62
LA MORERA 63
DARÍA YO POR TI 64
TESDOSH SHAUNG 66
A OSCURAS 67

OTOÑO

SERÉ NADA   (otoño) 71
SIGUE MIRANDO 72
MI BANCO 73
A MEDIA TARDE 74
LA PAZ DE TU MIRADA 75
VIDA DESPUÉS DE LA VIDA 76
PROBLEMAS DE COMUNICACIÓN 80
TU VOZ 81
AL RÍO EBRO 82
TE ECHO DE MENOS 83
JUEGO DE REYES 84
SIN SALIDA 85
TE DEJÉ MARCHAR 86
EN EL CAMPUS 87
¿QUÉ EXISTE ENTONCES? 87
ENCUENTROS CON EL ATARDECER 88
EL REGRESO 89

INVIERNO

EL SONETO MALDITO   (invierno) 93
¿DÓNDE ESTÁS? 94
ATAQUE FRONTAL 95
IMÁGENES DEL HORROR 96
NO QUIERO VERLO 98
EL MAR ESCONDE UN MONSTRUO 100
LA TIERRA DEL LEJANO 101
SIEMPRE TE RECORDARÉ 102
SIENTO NO ESTAR ENAMORADO DE TI, CARIÑO ... 104
BAJO MÍNIMOS 106
VISIONES 107
TRAS LA FRONTERA 108
AMARGA ESPERA 109
CIEN MIL CIEN 110
TU OTRO TÚ 111
LA ORILLA MORTAL 112
LA MIRADA 113
CUANDO SEAMOS VIEJOS 114
YA ME VOY 116

MI NIÑA BONITA (primavera)

Veo tras las flores una luz intensa,
un brillo maduro de infancia reciente,
un mar agitado, una calma densa,
una brisa suave y un bravo torrente.

Veo allí a una niña con unos encantos
que mujer quisiera tener para sí,
y la miro toda, y por todos los santos
que esa niña guapa ha de ser para mí.

Ya me mira ella, ya noto su aliento
cálido en mi cara como ese beso
que dura cien años en mi pensamiento.

Toda ella vida, toda embeleso,
le digo al oído lo que allí yo siento,
que me tiene absorto, que me tiene preso.

CANTOS SENCILLOS

Cantan pajarillos blancos
cantos a la primavera,
cantan sobre los caminos
verde de la verde tierra.

Pasan rozando los velos
granas de las rosas nuevas,
rosas rojas, rosas blancas,
blancas de la luna llena.

Caen en vuelo picado
rápidos como centellas,
frágiles como las sombras
frágiles de las estrellas.

Beben las límpidas aguas,
flujos eternos de venas
llenas con la acuosa linfa
pura que corre por ellas.

Salen temerosos cuando
ruge la feroz tormenta;
rayos son sus enemigos,
fuego duro y duras piedras.

Siguen siempre a la fragancia
lisa de la madreselva,
fino despliegue de aromas
sobre las finas riberas.

Duermen en tranquilas ramas
sueños tranquilos, y sueñan
cándidos con la mañana
cálida que les espera.

Cantan pajarillos blancos
sueños de la primavera.

SIN DUDA ES AMOR

Siento la llamada de la luna llena
y la fresca brisa bajo las estrellas
rodear mi cuerpo con manto de seda,
al igual que lo haces tú en primavera
cuando yo te hablo de las cosas bellas.

Me envuelven despacio en un remolino
de aromas silvestres propios de la sierra
como cuando a veces por esos caminos
vamos de la mano los dos bien cogidos
pensando en lo nuestro, pisando la tierra.

No puedo dudarlo, estoy tan seguro
de que si me dejas al rato yo muero
que te digo ahora, casi sin pensarlo:
¡cariño, te quiero!

INFLUJO DE MÍ

    Has bajado la mirada otra vez
al verme pasar con aire
garboso a tu lado,
con esa prisa ridícula
que me hace perder el
fino hilo que tus ojos
tienden hacia mí casi
a cada momento.

    Tienes las mejillas coloradas
bajo la penumbra, como
en un intento vano
de esconder tu preciosa
luna de mí, como si
yo fuera el juez furtivo
que va a juzgarte por ser
tan sumamente hermosa.

    Tu boca, presagio cierto
de futuras batallas,
muestra con inocente sencillez
ese mundo incierto que
escondes bajo la piel,
y en un arrebato perdido
de placer emocional dejas
escapar un suspiro prolongado
que se convierte en dulce beso
de camino hacia mí.

    Ahora me alejo de ti, pero
volveré a entrar en tu mundo
de sueños para que sientas
otra vez el arrebatador influjo
de un corazón solitario.

MI NIÑO

Niño, niño bonito,
niño pequeño, niñito,
caminas a pasos cortos,
lentos pasos, pasitos.

Cara limpia, mofletuda,
rubio pelo, rubito,
y los ojos muy abiertos,
grandes ojos, ojitos.

Eres aún como el Sol,
un pequeño solecito,
niño pequeño, niñito,
niño, niño bonito.

LA MUSA

En la quietud de la noche,
tenue luz de las estrellas
en la que alumbra un paisaje
rodeado de tinieblas,
vastos parajes perdidos
cubiertos por mil veredas
que cruzan llanos y montes
desembocando en la sierra.

No alcanza el horizonte
la frágil luz de mi vela
que a duras penas alumbra
mientras la llama se quiebra.

Infinita soledad
que rodea mi presencia,
fría la cálida luz
que se escapa de mi vela.

En este sentirme solo
rodeado de tristeza
sólo pienso en una cosa;
quién pudiera ser poeta.

Volar en azules cielos
entre nubes madreperlas,
cruzar en barco anchos mares
y atracar en cien riberas,
oler sin prisa las flores
colmadas de primaveras
y besar labios desnudos
de inocentes princesas.

25

Dime, madre de mi vida,
que al alba seré poeta...

La oscuridad ya se cierne
rodeando mi cabeza,
añorando silencioso
destellos de luna llena
que me alumbren el camino
y me permitan siquiera
descubrir dónde se esconde
la musa de estas tierras.

Y busco desesperado,
el límite son mis fuerzas,
en la copa de aquel árbol,
debajo de aquella piedra.

Debo encontrarla deprisa
pues mi alma no espera;
hierve ya mi corazón
y la sangre de mis venas.

Tampoco esperar más pueden
estas páginas desiertas
que esperan que ya mi pluma
las cubra de buena letra,
de versos de amor escritos
con mano firme y dispuesta,
con un toque de elegancia,
de pasión y de nobleza.

Dime, madre de mi vida
que al alba seré poeta...

Calmada la noche está,
se esconde la luna nueva,
se quiebra de una vez
la lágrima de mi vela.

No aparece mi musa
ni en el árbol ni en la piedra,
ni en el fondo de mi alma
ni a lo largo de mi pena.

El tiempo pasa despacio
en las faldas de la sierra
escondido entre las sombras
de unas luces que no llegan.

La brisa ligeramente
los árboles contonea
como queriendo mecerlos
con calma hasta que se duerman.

El frío sale del suelo
y del calor se apodera,
y se junta con la brisa
y las entrañas me hielan.

Acurrucado en el suelo
al cobijo de una cueva
dejo que pase la noche
a mi lado, a mi vera.

Sigo pensando en la musa
que ha de hacerme poeta,
que ha de lograr quitarme
de las entrañas mi pena.

No hay luz alguna que indique
el lugar donde se hospeda
más la noche pasará
y yo encontraré su puerta.

Llegará el amanecer
e iluminará con fuerza
el camino que me lleve
directo hacia mi meta,
y entonces podré decir
con gran valor y entereza
que de una vez por todas
he podido ser poeta.

Dime, madre de mi vida
que al alba seré poeta...

CAMPANILLAS

Un corazoncillo loco,
una estrella, una flor
y el pétalo de una rosa
suponen para mí tu amor.

SIN DUDA ALGUNA

Como viéndote en un sueño escondida
entre las sombras de unas pícaras miradas,
revolviéndote entre sábanas gastadas,
llorando afligida.

Despertando en la mañana de repente
con mi pecho cual caballo desbocado
por creerme un momento a tu lado;
una idea demente.

Trastornado por un solo pensamiento
que me invade a todas horas sin descanso;
encontrarme junto a ti en algún remanso
siquiera un momento.

Y dirás que no eres tú a la que yo llamo
la ladrona de mi cuerpo y de mi alma;
pues te digo que cuando llega la calma
no lo dudes, yo te amo.

BUÑERO

En las faldas de Buñero me reposo,
entretengo entre sudores el camino,
y a la sombra enresinada de este pino
yo te aguardo expectante y vigoroso.

Vamos ya, no se dilate la ascensión,
ya tan sólo un poco más, morena mía,
que al llegar tuya será la serranía;
mío en viento, el silencio y la emoción.

Ya quedaron tras de nos los olivares
y los trigos del mes marzo, y la ermita,
y en el valle nuestra gente, que recita
manantiales imposibles y encinares.

¿Sientes ya el fragante aroma del tomillo
deslizarse con rubor por el sendero?

Apresúrate, mi niña; sólo quiero
descubrir ante tus ojos un castillo,
pues no sabes que en lo alto se atalaya
Ribagorza de mis sueños, esa tierra
retirada y temerosa, que no encierra
sino un recio corazón que me desmaya.

Haz ligero, pues, tu paso. Nos espera
en lo alto a los dos la vida entera.

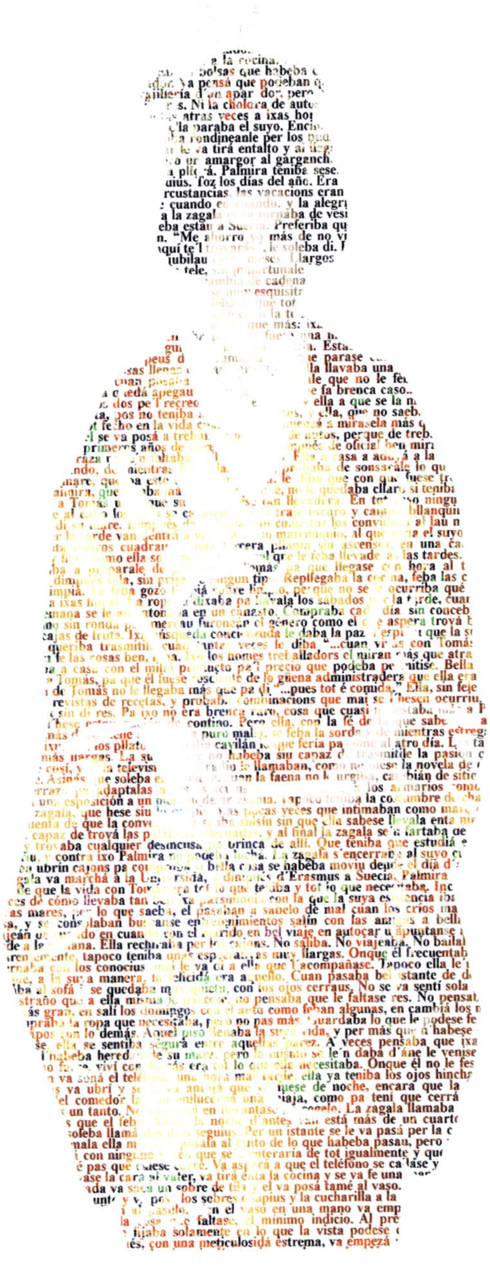

MI HERMOSA DAMA

Francas son vuestras palabras,
pequeño mi entendimiento,
sencillo lo que decís
y grande el atrevimiento.

¿Cómo entonces es posible
que viváis en un convento,
que hermosura tan lozana
se esconda de los mancebos?

Olvidaos de las almas
y fijaos en los cuerpos,
dejad que la pasión guíe
vuestros instintos plebeyos,
sucumbid ante la Luna,
ante Venus y Morfeo,
dejad que el viento estremezca
vuestra piel entre sus dedos,
que la luz que os envuelve
enrede vuestro cabello,
que unas ardorosas manos
naveguen por vuestros pechos,
que sean vuestras caderas
cielo, y mar, y tierra a un tiempo,
desvaneced de placer
y abrasaos con el fuego
que recorre las entrañas
ígneas de vuestro sexo.

Hermosa dama, decidme;
¿cómo es pues posible esto?

Vos fría como la nieve
y yo encendido por dentro.

PACTO DE AMOR

Si me dices que es de oro tu melena
creeré en tus palabras al momento;
es creer en ti todo mi fundamento,
aunque sepa que has sido siempre morena.

Si tus pasos tú pretendes que yo siga
andaré sin duda alguna a tu lado;
no hay peligro de que piense en el pecado
pues tú eres para mí una buena amiga.

Si segura estás de confiar en mí
y crees que es beneficio para ti
compartir por un momento nuestras vidas,
uniremos bajo el Sol nuestros caminos
para ver cómo se enlazan los destinos
de dos almas apagadas y perdidas.

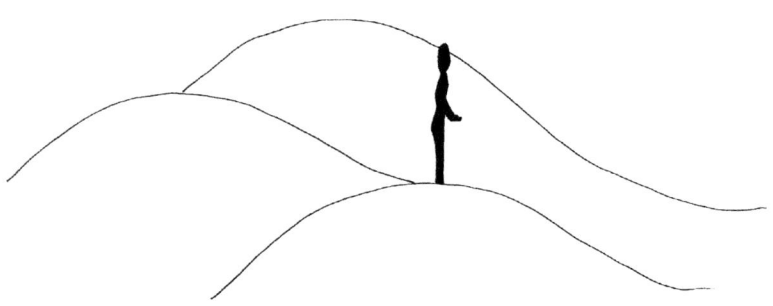

LA LUNA DE MAYO

Pasará la luna de abril
por lo alto de los campos
perfumados con fragancias
que el viento ha ido llevando,
dirá sus últimos versos
mientras pasan los rebaños
y dejará el sitio libre
para la luna de mayo.

Tiempos serán de amoríos
florecientes y lozanos,
diversión de los amantes,
disfrute de los que amamos,
recia pasión desatada,
corazones enfrentados,
lucha a muerte de unos seres
que dicen llamarse humanos.

Lucirá el monte sus galas,
violetas, rosas, nardos,
románticos limoneros,
abedules y castaños.

Vestirá de primavera
las montañas y los prados,
los ríos y las dehesas,
los valles antes nevados,
más dejará uno de ellos
con la nieve todo el año,
con el frío entre sus bosques,
con el tiempo congelado.

Será un lugar perdido,
escondido y apartado,
donde nadie lleve nunca
a pastar a los ganados,
solitario por momentos,
eternamente olvidado,
alejado de este mundo
de odios, risas y llantos.

Ninguno de los mortales
podrá jamás encontrarlo
pues no está en este mundo
que las gentes odian tanto.

Tan sólo una princesa,
inmortal, por descontado,
recorrerá ese valle
del uno al otro costado
por veredas de oro fino,
entre bosques plateados,
sobre puentes de esmeraldas
que cruzan ríos sagrados.

Hará presencia la noche
cuando del día ya cansado
se retire a su morada
tras horizontes lejanos.

Así mismo la princesa
con su nacarado manto
regresará a su cabaña
con una flor en la mano,
flor que crece entre las nieves
de este valle nevado

para darnos testimonio
de un amor apasionado.

Cuando llegue a su morada
el fuego estará esperando
chispeante y revoltoso,
pidiendo ser atizado.

La princesa, complaciente,
se sentará a su lado
y le echará la flor
que traía en su mano
para alimentar las llamas
con un fuego desatado
que sale del corazón
rugiendo desenfrenado.

Pocos segundos después,
procedente de este lado,
llamará presto a la puerta
un poeta desterrado,
proveniente de este mundo
de los tontos y los malos,
que así el amor lo ha querido,
que allí el amor le ha llevado.

Curioso lugar aquel;
le resultará extraño
que en plena primavera
exista un valle nevado
con veredas de oro fino
entre bosques plateados
y con puentes de esmeraldas
que cruzan ríos sagrados,
donde crecen unas flores

dignas de enamorados,
alejado de este mundo
de odios, risas y llantos.

   Entrará con la princesa
y se quitará el tabardo,
se sentarán junto al fuego
mientras sigue crepitando,
la mirará a los ojos,
la cogerá de las manos
y le recitará versos
de amoríos frustrados.

   La princesa muy atenta
los estará escuchando,
más con su dulce mirada
reclamará un abrazo
que la envuelva en la noche,
que la rompa en mil pedazos,
que la funda con la nieve
de este valle nevado.

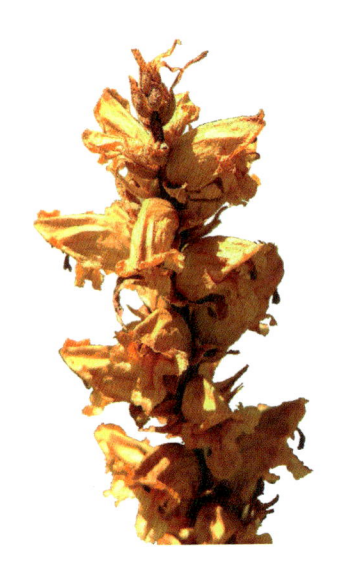

La abrazará el poeta,
la cubrirá con el manto,
la acercará a su pecho,
la consolará en su llanto.

Pasará lenta la noche,
eterno será el abrazo,
los suspiros serán fríos,
desconsolado su llanto.

El fuego seguirá vivo,
fuera estará nevando,
la cabaña en su sitio
y la princesa llorando,
desahogándose unas penas
que son recuerdos amargos
de unos tiempos vividos,
de viejos tiempos pasados.

Recordará con dolor
a sus amores lejanos,
a aquellas almas vacías
que un día la abandonaron,
a sus seres más queridos,
a quienes ya enterraron,
a quienes aún siguen vivos
y la siguen esperando.

La noche llega a su fin,
el fuego se está apagando,
las lágrimas ya no fluyen,
se debilita el abrazo.

Suenan ahora unas notas
que en el aire van silbando
una canción conocida;
la princesa está escuchando.

Recuerda esa melodía,
mil veces la ha escuchado,
es la señal que anuncia
que el momento ha llegado,
que sola volverá a estar
en este valle nevado,
sin alma alguna que seque
las lágrimas de su llanto,
sin un poeta amigo
que la estreche entre sus brazos,
que le recite unos versos,
que la cubra con su manto.

El poeta se despide,
vuelve a cogerle las manos,
besa mejillas y frente,
se coloca el tabardo,
un suspiro que se escapa,
fuera que sigue nevando,
un amigo que se va,
un corazón destrozado.

Seguirá pasando el tiempo
en el mundo cotidiano,
más habrá un valle perdido
bajo el cielo estrellado
con una linda princesa
con el corazón rasgado,
la cual espera paciente
cada día, mes y año
que se acerque a su cabaña
un poeta desterrado
al cual contarle sus penas
y sus recuerdos amargos.

Seguirá cogiendo flores
y al fuego las irá echando
para alimentar las llamas
de un corazón apenado,
al tiempo que a la cabaña
poetas irán llegando,
aunque cuando amanezca
ya sola la habrán dejado.

La luna de abril se aleja
por los montes y los campos,
no recitará más versos,
no cuidará más rebaños.

Deja paso a nuevos tiempos
de amoríos en los prados,
pero sobre todo deja
paso a la Luna de Mayo.

VERANO

verano

JUNTOS LOS DOS   (verano)

Contigo en mis brazos, paloma mía,
tan juntos los labios de esta manera
que ni el veloz rayo soltar pudiera
mis besos de noche y los tuyos de día

tan juntos que fueran unidos los cuerpos,
atadas tus risas con fuerza a mis llantos
que ni el feroz trueno que trae quebrantos
separarnos fuera capaz. Sólo muertos.

Juntos en un beso, eterno si cabe,
un beso maduro pegado a la carne
y que nos transporta en la misma nave.

Así de pegados que los dos estemos
mi cara y tu cara, mi pecho y tus senos,
pegados y juntos, pues bien nos queremos.

ESTA NOCHE ES PARA TI

Puedo cantar esta noche para ti la canción
que tú prefieras, la que más te guste,
la que te transporte a otra ciudad más
lejana si cabe.

Puedo unir esas notas que te hacen vibrar,
esos compases que se adueñan de tu
espíritu infantil y te estremecen en lo
más hondo de tu alma.

Puedo rasgar las cuerdas de mi guitarra, y
arrancar de ellas una melodía mágica que
te oscurezca el pasado y sea capaz de iluminar
un nuevo futuro.

Puedo hacer callar al mundo para que tan sólo
se escuche mi aliento, transportado por ese
fresco viento que en las noches de luna llena
acaricia tu cara.

Puedo dejar sentir mi voz cerca de tus oídos,
susurrar extraños conjuros de amor que
atraviesen tus tímpanos y te conviertan en mujer
por segunda vez.

Puedo hacer que escuches a la multitud en una rara consonancia de formas, en una conjunción divina que convierte a todos los hombres en un solo hombre.

Puedo penetrar tu carne con mi música, y tu espíritu, y todo tu ser, y desgarrar tu cuerpo con una sola nota, y deshacer tu alma con un solo silencio.

Puedo hacerte soñar por un instante, y sentir, y vivir la realidad, y despertar, y olvidar, y suspirar, y volver a soñar otra vez hasta quedar dormida.

Esta noche sólo vivo para ti.

MÍA ISLA

Asomo mi mirada por la borda
de esta isla condena;
tan sólo veo el mar, las olas
de mi amarga soledad, tormentas
que a mi pena el ancho océano
insiste en arrimar.

Oscuros nubarrones, violento huracán,
se llena el horizonte de palomas;
ni una sola viene, todas van
allende fríos mares.

Pienso yo, que aquí en estos lugares
cobijo no me falta. Igualmente me alumbran
los luceros, y es fina
la arena de la playa.

El fresco riachuelo no me niega
nunca el agua. Tras la orilla
aguárdanme los peces; y a este lado
dulces moras. Los árboles se mecen
y acarician mi cuerpo con sus hojas.

Resulta cruel estar encarcelado
aquí aislado del mundo.

¿Querrías ser cautiva tú un segundo
muriendo aquí, a mi lado?

ASÍ LO DESEAS

Frío viento de tus labios densos y rojizos
me atrapa cual soga al cuello del ahorcado,
finos jirones de seda, eslabones quebradizos
que rodean mis besos y me acercan al pecado.

La trágica luz de tu infinita mirada
proyecta su rayo fatal a través del espacio
en forma de punzante flecha encaminada
a herir mi corazón sin prisa alguna; despacio.

Carencia de formas; tus manos presurosas
descubren en mi cuerpo los mundos desatados,
las formas definidas, y pétalos de rosas
son tus dedos que a los míos se unen entrelazados.

El tic-tac del reloj de pared nos marca
el ritmo a latir, sosegado, dejando para luego
el agitar convulsivo de dos corazones sobre una misma barca
que en alta mar arde con visceral fuego.

EL LOCO

Pues yo, ja ja, me río como un loco,
moldeo mi sonrisa y me estremezco,
camino sin los pies y, en éstas, crezco
hundido en mi ignorancia y me desboco.

Convulsiono mi cuerpo y gimoteo
danzando sin sentido en los tejados,
y al borde del abismo los pesados
espíritus convocan mi deseo.

Aúllo somnoliento y aturdido,
derramo todo mi aliento podrido
y vuelvo sobre ti mis estertores.

Maldito yo y mi pobre pensamiento;
¡idiota!, que me azora un sentimiento
y pierdo la razón con los amores.

TEMOR A TI

Tengo un temor infinito,
un temor que tú no tienes,
temor hacia tantas cosas
inexplicables a veces.

Temo al agua de la lluvia,
a la del mar, a sus peces,
a otros cientos de animales
aéreos y terrestres,

al suelo que éstos pisan,
al aire que aquéllos beben,
a la tierra que no cubre
sus cuerpos cuando ellos mueren,

a los hombres que caminan
y también a sus mujeres,
a la multitud que dice
llamarse a sí misma "gente",

al que camina apartado
y a nadie entorpece,
al que va tras nuestros pasos
para humillarnos si puede,

al que habla, al que calla,
al que dice lo que cree,
también al que no lo dice
si es caso que no se atreve,

al que hace una cosa,
al que no sabe si debe,
al vagabundo, al mendigo,
al rico hombre de bienes,

a aquel que da limosna
tan sólo martes y jueves,
al que nace en un segundo
y ni en cien años se muere,

al que teme por su vida,
al que ama a la muerte,
al que desde allá arriba
nos dice lo que acontece,

al que divisa las nubes
y no sabe por qué llueve,
a las montañas sagradas
de los antiguos creyentes,

a las estrellas nocturnas,
a los cometas rebeldes,
a ese Sol que nos alumbra,
a su luz, que nos mantiene,

a la cara de la Luna
escondida para siempre,
y a todas aquellas cosas
que rodean nuestra mente.

Pero sobre todas ellas
tú eres la que más conmueve
a mi corazón de niño
que va tras de su juguete.

Temo temer que te temo,
temo temer que me temes,
temo no poder besarte
como tú muy bien mereces,

y temo que te des cuenta
y que ese día me dejes,
y que me cambies por otro
que mejor que yo te bese.

Temo pensar de esta forma
y temo que tú te enteres,
temo que lo sepas todo
y lo que de ello pienses,

temo estos temores míos
y no sé si los comprendes,
o si alcanzas tan siquiera
a entender cómo me duelen.

Temo que esto que escribo
llegue algún día a saberse,
temo que tú te lo leas
y me digas que me quieres.

UN MOMENTO SIN TI

Si tú me faltaras
siquiera un momento,
cuán grande sería
mi sufrimiento.

¡Ay, si tú no estuvieras...!

UN BESO

Soñar pudiera en la noche
a la luz de las estrellas
que a tu lado yo estaba;
¡quién soñar eso pudiera!

Cantar pudiera en la noche
que hierve la sangre en mis venas
por estar enamorados;
¡quién cantar eso pudiera!

Llorar pudiera en la noche
mi desconsolada pena
hasta que el alba llegara;
¡quién llorar así pudiera!

Besar pudiera en la noche
tus labios de luna llena;
dime, amor de mi vida,
¡quién besarte a ti pudiera!

A MI PUEBLO

Descansa mi pueblo sus años de historia
anclando raíces en una colina
y veo a sus hombres repletos de gloria
cogiendo la oliva, cortando la encina.

Recogen los frutos que son su sustento
en las tierras yermas y en los regadíos,
frutos que dan vida y por tanto aliento
a estos hombres recios, cautos y tardíos.

Templada presencia de su realiza
desprenden sus casas, plazas y portales
mostrando al viajero toda la nobleza
de un pueblo que llega hasta los arrabales.

Serena su imagen, tranquila su piedra,
y al fondo, escondidos, profusos, los huertos
conservan sus muros cubiertos de hiedra,
muros que alzaron hombres ahora muertos.

Las límpidas fuentes emergen del suelo
en un borbollón de aguas cristalinas
refrescando el aire y subiendo hasta el cielo,
inflando las nubes sobre las colinas.

Villa soleada durante el estío,
más la nieve llega mediado el invierno
trayendo su manto candoroso y frío,
cubriéndolo todo; nieve del averno.

Los llanos se extienden cerca de sus faldas
más allá del río y de sus riberas,

pero el monte alto crece a sus espaldas;
ariscas pendientes, abruptas laderas.

La vista se extiende sobre el horizonte
mirando a lo lejos desde la ermita
las altas montañas y el bajo monte;
a sentarse un rato el aire invita.

Vuelan las cigüeñas sobre el campanario
llevando en su pico nubes de guirnaldas,
pues entre las jaras buscan a diario
pétalos divinos, carmines y gualdas.

No olvido a mi pueblo por lejos que esté
pues sé que es allí donde debo vivir,
allí pertenezco y allí moriré
si de mí depende dónde he de morir.

Cerca de mi pueblo quiero que me entierren
para ir escuchando su ritmo vital
cuando de la vida las puertas me cierren
y llegue la hora, la hora fatal.

Descansa mi pueblo, descanso yo en él,
sólo fui una historia sobre un papel...

LA RETAMA

Habla retama en racimo
toda ella de colores, rama
de luz generosa, tonos
pardos, rojos, gualdas.

Si tiembla ella hacia mí
cuando tu paso la acecha,
si cubre su luz de modestia
al ver tu cara al ocaso,
¡cómo no he de admirarme
y descubrirme, y quebrarme
al sentir tu cuerpo firme
junto al mío, en un lazo
que relaja las posturas
y que sobrelleva el ánimo!

La retama se incorpora
tras tu paso, mientras yo
me acurruco en la yerba
entrando en la madrugada.

UN DOS TRES

Un dos tres
ahora no me ves,
cuatro cinco seis
tampoco me veis,
siete ocho nueve
algo se mueve;
diez, comienzo otra vez.

TORBELLINO DE PASIÓN

¿Por qué no me dejas acariciar tu pelo?

¿Acaso el frío viento que levanta
el polvo en los caminos
y hace naufragar los barcos
merece más que yo
el placer de enredarlo?

No es ese viento seco y áspero
más capaz que yo de envolverte
en un torbellino de deseo,
aunque no sientas pudor al desnudar
tu cuerpo a la Luna cada noche,
como en un mágico ritual
de enamoramiento a la naturaleza.

Son mis manos,
silenciosas y dispuestas a la vez,
las que esperan convertirse
en torbellino de fuego
sobre tu blanca piel de almendra,
deseosas de encender
tu llama de pasión y de romper,
en trágica ceremonia,
el pétalo de luz que guarda
tu tesoro de vida.

En tus palabras reconozco
la ingenuidad de una niña
deseosa de ser mujer del tiempo,
esposa de la plenitud,
pero ante todo niña siempre
de un corazón de lágrimas de amor,
niña de una caricia, de un abrazo,
de un beso de arrebol.

Están mis manos deseando
aplacar la furia del viento
sobre tu cuerpo.

RENACER

Es suave tu mirada ahora, en la tranquilidad,
algo lánguida aún, pero tierna,
directa a mi rostro infantil e inmaduro,
y a mi cuerpo arrugado, plegado sobre mí,
dispuesto a despegar al mundo.

Una escondida sonrisa veo amanecer por tus labios,
símbolo inequívoco de felicidad sincera,
de desahogo contenido tras meses de espera,
como un manantial del que vuelve a brotar
el agua tras largo tiempo de sequía obligada.

Y tus manos, esas manos humanas que
sin rencor por el daño producido me acarician,
con cuidado, sin mostrar ni una leve brizna
de egoísmo, mostrándome una mínima parte
del calor que eres capaz de darme.

Tu mirada, tu sonrisa, tus manos,
y sobre todo tus pechos. Es allí, entres tus pechos,
donde yo mejor me siento. En todo
tu esplendor te muestras a mí cuando me
ofreces tus pechos. Calor para mí; para ti, besos.

Nada hay ya que me ate a ti,
pero es ahora cuando más unido estoy
a tu aliento, cuando más fuerte es
el cordón de vida que me tiendes.

Sueño en ti tenerte para siempre.

LA MORERA

He dicho tu nombre
de niña morena
soñando tranquilo
bajo una morera,
besando los besos
con sabor a fresa
que tú me lanzabas
desde la vereda.

Soñando contigo
bajo una morera
he visto desnudo
tu cuerpo de seda,
y tú sonreías
sin rubor; de veras,
con esa inocencia
de las niñas buenas.

Soñando acaricio
tu piel de almendra,
y tú me provocas
con risas traviesas
para que yo juegue
a lo que tú quieras,
al amor abierto
a nuevas sorpresas,
al salvaje instinto
bajo una morera.

DARÍA YO POR TI

Daría yo mi riqueza
por poder besar tu mano,
por sentir cerca tu piel
y tenerte entre mis brazos,

por mirarte a los ojos
poquito a poco, despacio,
como en un juego de niños
jugando a enamorados,

por hablarte al oído
de antiguos sueños frustrados,
por acariciar tu pelo, y
revolverlo, y enredarlo,

por robarte una sonrisa
ingenua de esos labios,
por sonrojar tus mejillas
cuando me acerco a tu lado,

por descubrir los tesoros
que debes tener guardados,
por abrir tu corazón
y por volver a cerrarlo,

por escribir tu futuro
y por borrar mi pasado,
por quemar en una hoguera
todo aquello que has odiado,

por estar cerca de ti,
por poder seguir tus pasos,
por enseñarte un camino
del que jamás separarnos,

por amarte, por quererte,
por sentirme enamorado,
por servirte en lo que quieras,
por seguir siendo tu esclavo.

   Daría yo mi riqueza,
más no puedo, pues no en vano
es todo lo que yo tengo
mi alma, mi amor y tu mano.

TESDOSH SHAUNG

Hago de tu presencia
gloria de esos ojos claros
que con una dulzura paciente
me miran, luceros cansados
ya de buscarme, esencia
de un nuevo amor dispuesto
a enamorarme como simiente
que teme no llegar a dar su fruto.

Bajo tu sombra de loba herida
escucho el dolor de tu silencio
al pasar a tu lado, y en la huida
transformo tu ansiedad en juramento
de logro conseguido, más no consentido.

Sígueme, mujer, no hagas caso
al dardo envenenado de indiferencia
que te lanzo. Ha de ser tu paso
seguro y sincero quien te acerque
a mis labios, como la hiena
cuando acorrala a su presa
ya muerta.

A OSCURAS

Todo noche te rodea, amor,
y te cubre mi manto, y mi aliento,
y tu respiración, y al tanto de tu
piel mis brazos, y un latido,
y el silencio anudándote en sus lazos.

Dormida te me muestras,
más viva en tu interior haces derroche
de cálida inquietud y agitación,
y veo en un instante la mueca
del dolor, el hondo suspirar, el sufrimiento
de mi falta, la oscuridad del mar.

Alivio tu pesar, y en un momento
traspaso tus mejillas con mis besos
y tu piel con mis abrazos.

Escapas de la noche, y ya con plenitud
sonríes aún dormida, y palpas
con tu mano mis destellos, y aún a oscuras
mueres tú, y yo en ellos.

OTOÑO

otoño

SERÉ NADA (otoño)

Sin calor, mi pecho queda sin vida, todo dolor,
se adormece mi existencia, cautiva de ti,
y mi espíritu, mi esencia, buscando tu aliento
consume los minutos, y en la huida
reclama el alimento; tu sabor.

Nada sin ti conmueve al corazón,
ni la llama ni el cuchillo,
ni despojos de mí mismo. A mis ojos
nada soy si no tengo tu cariño,
ni albergo ya sentimiento ni razón.

¡Qué me queda pues si no te tengo en mí,
cómo viviré si alejas tu camino,
errante por el mundo, cruel destino!

Nada quedará, me desvaneceré, pero antes
te recordaré un eterno segundo.

SIGUE MIRANDO

Tú que miras a los ojos de la gente
de una forma obstinada y pertinaz
sin duda te habrás fijado que en la faz
se encuentra toda la esencia de alma y muerte.

Tú que miras las estrellas solitarias
que jalonan los desiertos de la noche
sabrás bien que para el cielo son un broche
de magníficas perlas imaginarias.

Tú que miras los jardines de palacio
a la vez que te embriagas con las rosas
ya sabrás que de entre todas las cosas
son mejores las que se huelen despacio.

Tú que miras a lo lejos sobre el mar
intentando descubrir dónde termina,
habrás visto que el oro y la plata fina
no le sirve al que no sabe nadar.

Tú que miras en el fondo de tu alma
los desgarros que produce el dolor
sentirás cuando te deje algún amor
que después de la tormenta va la calma.

Tú que miras tan atento hacia la vida,
que tus ojos no se cierren, por favor.

MI BANCO

Viejo banco, raído por la lluvia
y por el Sol herido.

Aún conservas tus noblezas, pero intuyo
que en tu seno ya no albergas el vigor
que años atrás te dio fama de firmeza.

Sí, amigo, también pasa para ti
ese tiempo que parece imparable,
e imborrable es la huella que dejaste
en mi vida durante aquel mes de abril.

Viejo banco, raído por la lluvia
y por el Sol herido, guardaré de ti
el mejor de los recuerdos de un amigo.

A MEDIA TARDE

Camina despacio, vuela
ligera entre los rayos multicolores
que se cuelan entre los claroscuros
del tragaluz. Sabe,
pero no comenta el susurro del viento
esforzándose en atravesar
la rendija de la ventana
de atrás. Atraviesa
densas y llameantes humaredas
que ocultan un mundo de
desorden distribuido alrededor
de un cigarrillo. Cree estar
fraguando complicadas ideas
perdidas en su mente
desde hace años.

Penosos augurios entran
por las paredes entreabiertas desde
el rellano de la escalera
de caracol. La vida
continua más allá del portal
de la casa, en cualquier dirección
que vaya al Sur.

LA PAZ DE TU MIRADA

Tan solo conozco la paz de tu mirada,
pues nada reconforta mi espíritu sino el brillo
de tus ojos cuando pasas a mi lado.

Es en esos momentos que mi corazón
emprende la batalla en esa otra guerra
de la que tú no eres ni siquiera consciente.

Tan preocupado estás por arreglar
los asuntos del mundo que no tienes tiempo
de pelear por lo que de verdad importa.

Por lo único que importa.

No te entiendo cuando te oigo
hablar de tus dioses mientras sostienes el fusil.

¿Por qué no sostienes mi mano?

¿Y por qué dejas que te quiten el sueño
esos a los que tú llamas, con un orgullo desmedido,
los diferentes?

Mientras vas en su busca con sangre en tus palabras
yo te aguardo sin que tú lo sepas,
y albergo la esperanza de que,
cuando se disipe la espesa oscuridad
que ciega tus sentidos, tu única lucha
esté entre mis brazos.

Antes de que la tierra se llene
de cuerpos desmembrados, ansío poder ver
una última vez el brillo de tus ojos,
y encontrar en tu mirada la paz que a ti,
entre batallas, por siempre se te escapa.

VIDA DESPUÉS DE LA VIDA

Caen sobre el cementerio
las doce del mediodía
adornadas con un manto
de esperanza y alegría,
caen las últimas flores
sobre las tumbas caídas,
y las lágrimas y llantos
que no se dieron en vida.

Día de Todos los Santos,
fecha sin duda maldita,
recuerdo de los difuntos,
memoria casi perdida.

Los vivos a la intemperie,
los muertos en sus guaridas,
las almas de unos y otros
por la tierra sacudidas
van caminando en silencio
entre las cruces, tan frías
como frías son las almas
que en el lugar se dan cita.

Don Antonio con un ramo,
lo propio doña Francisca,
ambos cruzando el camino
de la Tierra Prometida,
y en un intervalo corto
pero vital, enseguida
él se dirige hacia ella
con toda su cortesía:

- Visitando a algún difunto
supongo, señora mía.

- Razón tiene, caballero;
quien fue mi esposo en su día
yace bajo estas flores
esperando mi partida.

- De la misma forma yo
visito de día en día
a la que fue mi señora,
toda bondad y alegría.

- Es triste quedarse solos.

- Cierto, y usted que lo diga,
aunque es ése un problema
de solución bien sencilla.

- ¿Qué trata usted de decir?

- Permita, señora mía,
primero que me presente;
ante todo cortesía.
Don Antonio es mi nombre,
a sus pies, para servirla.

- Acepto el ofrecimiento;
llámeme doña Francisca.

- Volviendo al punto anterior,
como ya antes decía,
sencillos son los problemas

de soledades tardías.
Usted ahí sin su amado,
yo aquí sin mi querida,
los dos ya en la plenitud,
en callejón sin salida,
abocados sin remedio
hacia un fin que se avecina.

- Cierto es eso, don Antonio,
triste verdad suya y mía.
Implacable es el destino
ése que a todos domina.

- Digo pues que, dado el caso
espero que me permita
verla a usted de vez en cuando,
para olvidar la fatiga
que crea la soledad.

- Sea pues su compañía
aceptada de buen grado.
Nada hay que nos impida
compartir el mucho afecto
que todavía anida
dentro de nosotros mismos.
No hay edad para la vida.

Ella casi con setenta,
él hará cien algún día,
y los dos tan juveniles,
siempre con esa sonrisa
pícara que los envuelve
en sus ratos de alegría,
en los paseos del parque,
entre anchas avenidas,

sobre el lago, con los cisnes,
bajo la luna bendita,
sumergidos en su mundo,
olvidando la agonía
que produce el estar solos
en esta vida maldita.

Él un niño juguetón,
ella feliz; una niña.

Son un simple corazón
y dos almas compartidas,
dos caminos que se juntan
sobre tierras ya baldías,
uniendo en un mismo puño
las cosas ya aprendidas,
las que faltan por saber
y las que nunca se olvidan.

El tiempo se hace corto
cuando el amor encandila,
se ciegan los pensamientos
y el aire que se respira
huele a flores silvestres,
a rosas y a camomilas.

Ya no pasan los segundos,
no hay minutos, horas, días,
todo es como en un sueño;
la magia está servida.

- Te amo, querido Antonio.
- Y yo te adoro, Francisca.
- Sencillos son los problemas.
- No hay edad para la vida.

PROBLEMAS DE COMUNICACIÓN

Soldados, amigos, dejad de luchar,
los tiempos no están para estar confundidos
en guerras, conflictos, muertes y demás,
pensad que los odios ya han sido vencidos.

Ya se han levantado las manos unidas
cogidas con fuerza y con seguridad,
ya se han olvidado las luchas perdidas
allá al otro lado de la soledad.

Ha vuelto a alumbrar por fin la esperanza
las sendas oscuras que trae la venganza
y los fríos días de la incomprensión,

y al fin se ha sabido que las duras penas
a que nos someten hoy nuestras condenas
son problemas de la comunicación.

TU VOZ

Si he oído tu llamada,
sumergida entre las tinieblas
de mi corazón, difusa,
apagada, tímida, callada,
anhelante de ser oída más
allá de donde nadie puede
oír, si la he oído
es porque te quiero.

Si he estado escuchando
atento lo que has tratado de
decirme, aún sin decírmelo,
sin gesticular siquiera tu
boca, como en un intento
de no decir nada y de
decirlo todo al mismo
tiempo, si lo he escuchado
es porque te quiero.

Si he comprendido tus
pensamientos, tu agonía
interior, tus deseos de
hablarme, si he llegado
a sentirte cerca de mí,
dentro de mí, si he
llorado por ti aún sin
yo mismo saberlo, si he
amado a alguien alguna vez
es porque te quiero.

AL RÍO EBRO

He pasado sobre las aguas del Ebro,
sobre un cauce de pobreza y de misterio,
he observado la corriente en sus orillas
condenadas al tormento.

Podredumbre que se agolpa entre los juncos
escondiéndose de miradas furtivas,
he escuchado cómo llantos y lamentos
de sus aguas salen juntos.

Y pregunto con nostalgia y con tristeza,
con mis ojos mirando hacia el mañana
cuánto tiempo más tendremos que esperar
para ver de nuevo toda la grandeza
de lo que es la mayor cloaca de España.

TE ECHO DE MENOS

Estuve recordando tus cartas de amor,
y una me falta.

En la noche, cuando ya la fresca
y rota luz se aleja tras los cristales
y el aire se carga de nostalgia
estuve recordando tus palabras,
y una me falta.

En silencio, con los labios
todavía húmedos por el contacto
con la miel de tu boca,
estuve recordando tus besos,
y uno me falta.

En reposo, con el cuerpo ya calmado
tras la batalla de amor sincero
que tú me dejaste ganar
estuve recordando tus miradas,
y una me falta.

Estuve recordando tus cartas de amor
y siento que tú me faltas.

JUEGO DE REYES

La fresca fuente de agua dulce
que corre limpia por la vereda
evoca el llanto frío y sincero
del que entre lágrimas se lamenta
ante la tumba del romancero.

La espesa sombra de la alameda
refresca el aire de los sentidos
agarrotados por la impaciencia
del que no fue, más pudo haber sido
juez y verdugo de la inocencia.

El santo elogio de la plegaria
revela el alto poder guardado
tras unos siglos de incomprensión
entre los muros de aquel palacio
donde el sustento lo da el perdón.

Si la inocencia del romancero
fue insuficiente para el perdón,
que la impaciencia del que es sincero
no nos avoque a la incomprensión.

SIN SALIDA

Como un vulgar ejército de sombras
dirigido por la mente más perversa
caminamos cada día hacia las sobras
aún calientes de nuestra última presa.

Devoramos cada resto de materia
que no puede escapar a nuestras manos,
y en la lucha por la destrucción eterna
pasamos de ser esclavos a ser amos.

No se sabe ya si es esto la vida
o tan sólo es la muerte anticipada,
pues no existe tan siquiera una salida
que nos deje la conciencia sosegada.

Es al menos, creo yo, una manera
de sentir que todavía estamos vivos,
una forma que todavía nos queda
de crear a cada instante enemigos.

Ya no piensa el ser humano; sólo actúa,
ya ha olvidado la que fue su libertad,
sólo avanza, y golpea al que se cruza
en la senda que le lleva hacia el mal.

Es el hombre una bestia sin ideas,
una estrella apagada; otra más.

TE DEJÉ MARCHAR

Vi en ti a la mujer de mis sueños,
y resultaste ser la chica de los sueños de otro.

Pudiste haber sido mía, pero mi amor
contaba más que cualquier otra cosa, y ni
siquiera lo intenté.

Te dejé marchar después de la última noche,
tras recorrer tu piel con mis pensamientos
por última vez.

Me quedé frío, helado, sin saber reaccionar,
el corazón me dio un vuelco y se rompió en
mil pedazos. No podía hablar. Tampoco llorar.

¿Estaba soñando o era realidad? ¿Acaso
habías crecido ya, sin yo haberme dado cuenta?

Te indiqué el camino hacia el mundo, pero
quisiste correr más que yo y te perdí.

¿Sabes?, todavía pienso en lo felices que hubiéramos
podido ser, en el maravilloso amor que hubiera
envuelto nuestras vidas, pero creo que nunca vas
a volver. No, no soportaría una noche más de dolor.

Aunque yo esté en la orilla esperándote,
quiero que tú sigas navegando mar adentro...

EN EL CAMPUS

Soñar se sueña despacio,
vivir se vive deprisa,
morir se muere muriendo,
y en la vida, padeciendo,
ocultamos la sonrisa.

¿QUÉ EXISTE ENTONCES?

No existe amistad sin dolor,
ni dolor sin corazón,
ni corazón sin amor
ni amor si no existe el perdón.

ENCUENTROS CON EL ATARDECER

Canto, entre las sombras del camino
que oscurecen mi paso ligero
viejos romances que evocan el destino
del que tiene un parecer sincero.

Veo, atravesando el espesor de la arboleda
por una senda bien marcada, al caminante
solitario, mientras a su paso queda
atrás el camino que un día tuvo delante.

Siento, desde la amargura del que nada tiene
que perder porque nada posee,
cómo se busca aquello que llene
el vacío que siempre conserva el que cree.

Escucho, bajo el atronador silbo de la brisa
envolvente que nos acerca al abismo,
las gráciles notas que produce la risa
del salvaje idiota que se ríe de sí mismo.

Grito, asomado a la torre de marfil
para que se oiga mi llanto lastimero,
y descargo mi furia sobre el vil
espectáculo de almas de acero.

EL REGRESO

En otoño he visto pasar tu fresca mirada
sobre los girasoles que buscan la luz de la mañana,
he visto cómo giras tus ojos al alba
buscando nuevas luces tras la madrugada.

He visto en otoño el brillo limpio de tu cara
reflejado en las juguetonas gotas de la lluvia acristalada,
como en un esférico mural de guirnaldas
cadenciosas con el rítmico vaivén de las uvas mojadas.

Flotar he visto tus pasos en el otoño ámbar
de las puestas de sol tras las montañas
etéreas que dibujan tu frágil figura de porcelana
sobre las brumas sosegadas de la tarde en calma.

Al viento del otoño he visto rodeando a la cigarra,
apagando su canto vital mientras tú la mirabas
agonizante y quebrada, sintiéndote tú misma lastimada
por la fresca brisa que agita tus finos cabellos de plata.

Ha sido en otoño cuando bajo tu ventana
he visto florecer lilas y amapolas, recién bañadas
por transparentes lágrimas de cielo que resbalaban
dichosas de contemplar la cálida hora de mi llegada.

He vuelto en otoño, y tú me esperabas.

INVIERNO

invierno

EL SONETO MALDITO (invierno)

De mi alma, mi vida elijo para ti,
y la extraigo con pinzas de oro
de mi cuerpo, que ya muerto
yace en mí; reposo y calma.

Con fría mano dispongo, muy sutil,
cada vena y cada entraña,
cada verso que de mí brota. Fría piel,
hondo pesar, blanca congoja.

Blanca la muerte blanca que me asombra,
yerto mi cuerpo muerto, y mi alma
en mis manos con mis versos.

Mi vida para ti, ya está a tu alcance,
que muerto yo tan sólo sobrevivo
en ti por un instante.

¿DÓNDE ESTÁS?

¿Por qué no me respondes cuando te llamo?
No puedo encontrarte cuando te busco,
ya no perteneces a este mundo de imágenes
que crea mi cerebro a mi alrededor.

Ha vuelto a esconderse la Luna tras el horizonte,
pero tu cama está vacía, sin ese calor
que rodeaba nuestros sueños de adolescentes.

Mira, otra vez vuelven a jugar esos niños
alrededor de la encina milenaria del jardín.

Para ella no pasa apenas el tiempo,
como si los niños la mantuvieran joven.

Vuelve a estar el suelo cubierto
por las hojas del otoño, ligeras y caprichosas
como las gaviotas que solíamos ir a ver volar
en los acantilados de la costa.

Desaparece el reloj tragado por su propia arena,
y en el fondo resurge el tiempo perdido,
cada uno de los días que he pasado sin ti.

Están sonando las campanas de la iglesia
tratando de imitar alguna vieja melodía medieval,
aunque nadie responde a la llamada;
tal vez la música sea un sueño, y la iglesia, y las campanas...

¿Por qué no me respondes cuando te amo?

ATAQUE FRONTAL

Sangre, suspira sangre la locura
en el profano fuego del tormento,
odio, derrama odio el sufrimiento
bajo la densa nube de amargura.

Hierro, resuena hierro rojizo y muerto
como las vidas rotas del rojo infierno,
hielo, destila hielo el crudo invierno,
crudo cual crudas noches en el desierto.

Gimen gráciles ninfas de fantasía
cuando se amenaza a la poesía,
lloran las musas de la imaginación

cuando se atenaza el don divino,
cuando el hierro corta, frío, el camino
dulce de la sangrante inspiración.

IMÁGENES DEL HORROR

Han sido resucitados los viejos aires de venganza
surgidos de las profundas fauces del infierno
a lo largo de un caudal de hechos violentos
que alimentan la incertidumbre.

Se han formado negras nubes de estupor
ante las macabras imágenes de la inocencia
desvirtuada bajo el poder del que se cree
superior a los hombres.

Alguien ha sido capaz de contemplar
el supremo esfuerzo de la lucha por vivir
delante de las corrientes de opinión destructoras
de la individualidad manifiesta.

Largas caravanas de desesperación eternas
confluyen ante el mismo lugar en que
hace años un falso profeta anunciaba
la salvación de los cuerpos.

Niños de corta edad luchan en las calles
retando a la suerte mientras la soledad
los arrastra a los basureros de la abundancia
en busca del pan de cada día.

Se aseguran las posiciones en los sillones de mando
de la jerarquía dominante y corrupta que guarda
para sí los privilegios de la honestidad, limpia
de cualquier sospecha.

Veteranos de otras guerras instruyen rápidamente
a las nuevas generaciones de ángeles purificadores
de la sangre de un pueblo que convive
unido a la libertad humana.

Bestias marinas vuelan bajo tierra a través
de los mares de fuego que sobre las montañas
discurren al lado de las estrellas caídas
en las profundidades.

Silencios audibles desde países lejanos ensordan
los oídos inmaduros de los que piensan en existir
en paz por los siglos de los siglos bajo el escudo
de una mal llamada infancia.

Por fin se ha llegado a reconocer que la causa
de todos los males que nos aquejan enraíza
en el corazón de unos cuantos que por desgracia
son los que tienen la palabra.

NO QUIERO VERLO

Que no lo vean mis ojos esta noche.

Si la dulce figura que transportan
tus largas piernas atraviesa la puerta
en dirección a otros paraísos alejados
del mundo que yo habito en soledad,
que no lo vean mis ojos esta noche.

Si van a olvidar su rumbo las estrellas
y a cambiar sus perlas por un apagado
silencio que nos sobrecoja a todos,
en la hora en que los astros esperan
para atravesar en celeste procesión
el lechoso camino que se extiende
nítido hacia los confines del universo,
que no lo vean mis ojos esta noche.

Si esa mano abierta a la esperanza,
ésa que nos golpea a la cara cada
vez que la vemos tan huesuda, tan vacía,
tan llena de nada, ha de cerrarse
y hundirse en la desesperanza humana,
en la resignación del que nada espera
ya de la buena voluntad de los hombres,
que no lo vean mis ojos esta noche.

Si otra vez se han de dejar oír las
mismas voces, esos sonidos tan conocidos
ya por todos lo humildes rebaños que
bajan la cabeza para someterse a la implacable
sabiduría del dictador, si alguien va a
volver a acatar de nuevo aquello que
claramente se opone a la conciencia eterna,
que no lo vean mis ojos esta noche.

Si uno solo de tus besos no ha de venir
a mí en esta noche gris que nos envuelve,
si uno solo de tus abrazos se ha de perder
entre las tinieblas de confusión que nos azotan,
si una sola de tus caricias ha de caer en tierra
para hundirse en el fango que todo lo llena,
si una sola de tus miradas va a buscar
otros ojos que no sean los míos, por favor,
que no lo vean mis ojos esta noche
en que la paz ha vuelto al fin a mí.

EL MAR ESCONDE UN MONSTRUO

El mar esconde un monstruo oscuro,
un negro viento frío aterrador,
un brazo largo, denso y estridente
incierto como el fuego del amor.

El mar encierra el pecado y la palabra,
el submundo tenebroso y helador,
la ola repentina, la añoranza
y la angustia y la sonrisa y el temor.

El mar me lleva lejos, y me trae
a su antojo, me guía, es mi pastor,
y el fondo de su vientre ensangrentado
me acoge en silencio. Un rumor...

Un sueño en lo profundo de mi mente;
qué triste porvenir.

El mar recoge el cuerpo,
y yo me balanceo en derredor
mecido sin tocar jamás las olas,
tratando de escapar, del todo yerto,
vacío, somnoliento y perdedor.

LA TIERRA DEL LEJANO

La tierra del lejano,
la arena del rocoso navegante,
osada y fulgurante tempestad,
la duna que en mi mano
navega con total impunidad.

La llama del desierto floreció,
y allí, remoto, el mundo. Tras la aurora
glacial y abigarrada,
el rastro de una gota colorada
mi rostro ensangrentó.

Y yo que me culmino de deseo
fallezco bajo el Sol,
expiro tras dejar la caravana,
y muerto ya, ojeo
el cielo que se tiñe de arrebol.

SIEMPRE TE RECORDARÉ

No veo bien tu cara, estoy confuso,
es como si la muerte se interpusiera entre
los dos y no me dejara apreciar tus detalles.

Acércate más, por favor, quiero saber si
realmente estás ahí, si todavía te acuerdas
de mí, como en los viejos tiempos, cuando
los dos paseábamos por aquellos solitarios
páramos en busca de alguna estrella fugaz
que convirtiera en realidad nuestros sueños.

Sí, guardo en mi memoria todavía
aquellos buenos momentos que pasamos
juntos, de la mano, silenciosos, callados,
sin necesidad de hablar, mirando los dos
hacia algún desconocido punto que en el
infinito parecía guardar todas las respuestas.

Sin embargo mi mente alberga una tormenta
ahora, hay huracanes que levantan del suelo los
recuerdos que un día enterramos juntos, la
lluvia empapa nuestros días de verano, el barro
cubre la luz de tu mirada, y ríos inmensos y
desbordados de soledad inundan mi corazón.

Es tarde ya para vivir. La hora de la muerte
espera en mi reloj una señal, un simple guiño
del destino para dar su campanada mortal
y apartarme de ti para siempre. No la
temo, pues sé que ni ella misma será capaz
de hacerme olvidar esos eternos segundos que
he pasado con mi cabeza apoyada en tu regazo.

Adiós, amor mío, prometo recordar tu cara
después de haberme ido.

SIENTO NO ESTAR ENAMORADO DE TI, CARIÑO

Está la música llenando el ambiente de olor a rosas de primavera. Son notas invisibles, abandonadas al destino sin motivo aparente, sin un fin preciso. La luz está temerosa de darse a conocer, como ausente. Una fresca brisa de verano nos envuelve al unísono, al mismo tiempo, y acaricia nuestras fibras sensibles, desatando en tu piel la sensación del trueno. Me coges la mano, y tu corazón no sabe si detenerse o escapar de tu pecho. Me miras a los ojos y sin despegar tus labios me dices que me quieres. Ya no hay brisa, ni luz, ni música, ni nada a nuestro alrededor. Todo tu mundo soy yo. Y yo lo comprendo. Y yo te comprendo.

Está la luna llena en tu cara, y dos soles iluminan tu mundo. Los miro, cojo tus manos, y lloro en mi interior por no poder alimentar tu fuego, y mis lágrimas apagan tus llamas de dolor intenso, dolor compartido por la misma causa. No alcanza mi amistad la altura de tu amor, y la distancia entre ambos se transforma en afilado puñal que se clava en tu corazón y que llena mis manos de sangre y de lágrimas.

Tal vez sea mejor así, pues tu muerte
en mis brazos permitirá que puedas volver
a observar el vasto mundo que te rodea,
con su música, con su luz y con su brisa. Hay muchos
yos a tu alrededor, y aunque yo me aparte
de tu camino, tras esas nubes negras que ahora
te ocultan la senda volverás a encontrar a alguien
a quien coger la mano y mirar a los ojos
para decirle que le quieres, aun sin necesidad
de despegar los labios.

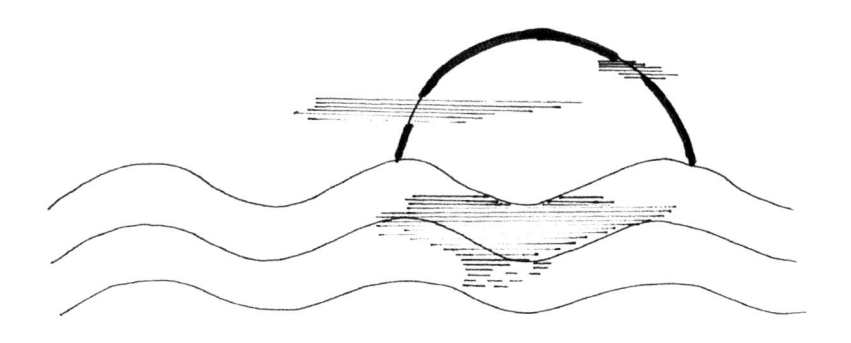

BAJO MÍNIMOS

Ved, caballeros de anchas espaldas
frágil el cuerpo de estas mujeres,
fiel artilugio de vuestros placeres,
puzle de medias, blusones y faldas.

Ved, babeantes, las carnes tan prietas,
cómo se afanan en ser desgarradas,
cómo suspiran si son degolladas
con vuestras manos de mugre y de grietas.

Ved vuestros rostros podridos y yermos
llenos de vómitos, bilis y heces
con la mirada de puercos enfermos.

Asco me dais, porque sois tan cobardes,
violadores, que vuestras sandeces
son todo basura; todo alardes.

VISIONES

Me hundiré bajo tu espesa sombra de lamentos
y hallaré, firme, la muerte fija en tu mirada,
tu cabeza cubierta con mantos violentos
y en tu mano turbulencias en torno a una espada.

TRAS LA FRONTERA

Como en las mañanas de trágicas tempestades,
de vómitos violentos,
cuando la luz hace sombra a los sentidos
y el viento deja de agitar las hojas caídas.

Noche y día,
crepúsculo de adversos fines
sin el más mínimo sentido,
sin un alma que nos conmueva
ni tan siquiera un poco,
vacío de toda esencia,
de todo contenido.

Y en un rincón, mi lucha,
nuestra lucha diría yo,
pues tú eres quien me priva de todo,
y yo quien todo lo tuyo quiere poseer,
insaciable espíritu que en ti espera hallar algo
que dé sentido a mi devenir.

Callado, retraído y solo,
alejado de mí mismo y escondido de tu aroma,
con el pensamiento en ti,
pero a lo lejos, en la distancia,
tras la línea que marca la frontera de tu aliento.

Como en las mañanas de trágicas tempestades,
también mi tormenta es temprana para ti.

AMARGA ESPERA

Es dulce esperar a un ser querido
sabiendo de antemano su llegada,
teniendo la certeza confirmada
de que aún en este mundo sigue vivo.

Es grato esperar a un ser amado
contando los minutos de la espera,
pensar entre aires de primavera
que pronto estará ya a tu lado.

Más dura es por ende la amargura
de aquel que aún espera con locura
aquello que la muerte se llevó,

pues nunca más ya ha de poder ver
a aquel que ya jamás ha de volver,
a ése que por siempre nos dejó.

CIEN MIL CIEN

Subiré cien montañas,
bajaré mil bancales,
correré por la selva
entre los animales,

miraré cien planetas,
contaré mil estrellas,
amaré del espacio
las cosas más bellas,

compondré cien canciones,
tocaré en mil ciudades,
cantaré a las gentes
de todas las edades,

guiaré cien veleros,
fondearé mil lugares,
viajaré por el mundo
cruzando los mares,

lucharé cien batallas,
sufriré mil desgracias
y el día de mi muerte
a todos daré gracias.

TU OTRO TÚ

En la selva de la muerte
de las almas de metal
vigila todos tus pasos
una bestia animal
con cien ojos en su frente
o doscientos, si no más.

Escudriña tu mirada
como quien mira hacia el mar,
imaginando las olas
que aún están por llegar.

Te sigue en todo momento
como una sombra fugaz
agarrado a tus entrañas
sin dejarte escapar.

No tiene nombre, y en cambio
tú lo llamas sin parar
cada vez que, aún sin quererlo,
te inclinas hacia el mal.

LA ORILLA MORTAL

Reviento dentro y grito y, sí, maldigo,
y ahondo en lo profundo mi pesar,
y tenso enfurecido las mis venas,
y aprieto los mis dientes, y al llorar
sublimo, ¡ay de mí!, mis sentimientos,
los mis negros abrazos, que al soñar
me dicen que no duermo, que es la muerte
la que a estas horas viéneme a llevar.

Dejadme, pues, tranquilo, amigos míos;
desde que soy nacido ya la mar
columpia mi condena con sus olas.

La hora, aquí en la orilla, está al llegar.

LA MIRADA

Cansado es mi paso en la noche clara
bajo los silencios negros de mi alma,
silencios cansinos, dueños de la nada
mientras yo no pueda beber tu mirada.

Negros de la noche, mis pasos se acaban
donde ya tus huellas parecen borradas
por el llanto frío de una pena amarga
que oculta tu rastro tras la madrugada.

Fría pena dulce y roja sangre blanca
delatan tus pasos de huida frustrada,
ojos que se cierran, lágrimas pesadas,
rabia contenida que al fin escapa.

Penosa tu huida del todo a la nada,
giras ya tus pasos y miras mi cara
rota por la negra noche que se acaba
en el mismo punto que antes comenzara.

Besos, rojos besos, verdes las miradas,
verdes como verdes son las esmeraldas
verdes que en tus ojos llenan ya tu cara
cuando con mis manos te acaricio el alma.

No vuelvas, cariño, jamás tu mirada
hacia donde nunca yo pueda alcanzarla,
que jamás la noche ilumine tu cara
para que a tu lado yo pueda mirarla.

CUANDO SEAMOS VIEJOS

Cuando seamos viejos la Luna seguirá
brillando para nosotros, proporcionando un brillo
especial a nuestras arrugas y aliento
a nuestros corazones.

Serán más dulces los besos cuando
seamos viejos, más sabrosos, como
el buen vino, y tan sensible nuestra piel
que la cercanía será ya roce.

Se aligerará nuestra memoria para albergar
tan sólo los buenos recuerdos, y aparecerá
el futuro ante nuestros ojos con más claridad
que el pasado cuando seamos viejos.

Tumbarnos el uno junto al otro
llenará el aire de paz y nuestros cuerpos de guerra,
y cuando un fuego se apague otro nuevo
se encenderá cuando seamos viejos para mantener
siempre viva la llama del amor.

Será un placer inexplicable caminar
unidos de la mano, reír las mismas risas,
llorar las mismas penas, soñar los mismos
sueños, lanzar una mirada y no ver más
que al otro cuando seamos viejos.

Radiantes de satisfacción estaremos
cuando seamos viejos por haber comprendido a tiempo
que las tormentas son pasajeras y que tras ellas
siempre brilla el Sol.

Seremos sólo dos cuando seamos viejos, yo en ti
y tú en mí, la mejor excusa para sonreír.

Daremos gracias a la vida por la felicidad
brindada y aguardaremos haciendo el amor
plácidamente a que la muerte nos tienda
su cálida mano cuando seamos viejos.

YA ME VOY

Van mis pasos tan cansinos,
veo mis manos tan quedas,
mi corazón tan vacío
y mi paz tan llevadera

que creo sinceramente
de una forma certera
que en cualquier momento de estos
llama la muerte a mi puerta.

Llamará sin avisarme,
sin molestar; tan siquiera
un leve toque, una chispa
que encienda la chimenea

infernal de los abismos
sórdidos bajo la Tierra.
Será todo inesperado,
imprevisto, más si llega

en verdad la fatal hora
diré con toda entereza:

"Heme aquí muriéndome,
vedme, gentes, ya me llevan

al otro lado del muro,
lejos, pero aun así cerca.
No lloréis por mí, os pido
que no carguéis con la pena;

lo que no tiene remedio
a nadie le pide cuentas
y lo que sí que lo tiene
como si no lo tuviera.

Todo estaba ya escrito,
vedlo si no aquí; mi letra
es el mejor testimonio
que de mi vida os queda.

Adiós pues, os dejo ya
que allá arriba me esperan.
Tardad cuanto más mejor
en visitarme. De veras."

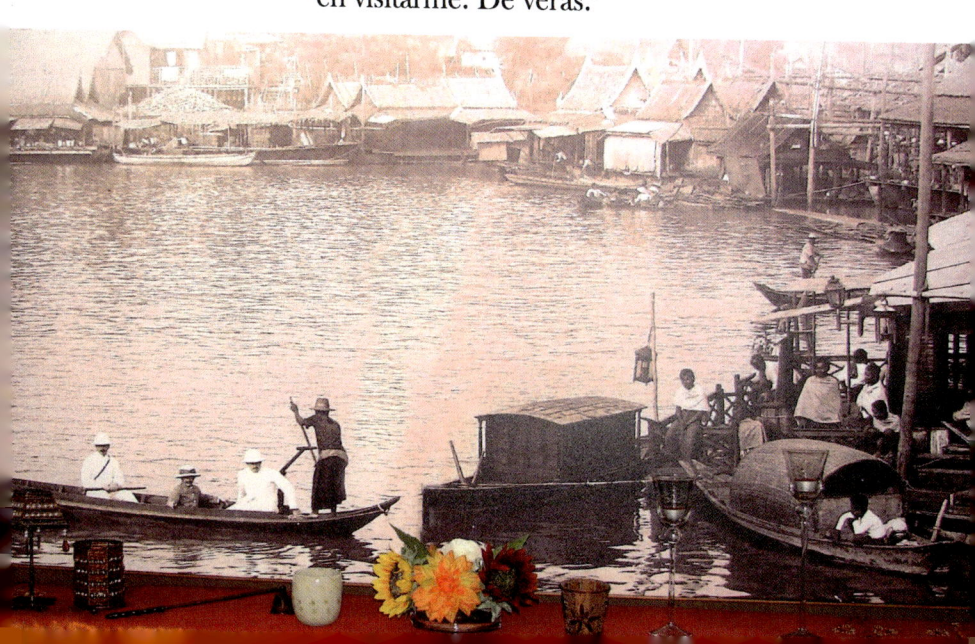

Printed in Great Britain
by Amazon